ESSAI D'INSCRIPTIONS

POUR DIFFÉRENS MONUMENS

DE LA VILLE DE PARIS.

A LONDRES,

Et se trouve à Paris,

Chez ROYEZ, Libraire, Quai des Augustins;
Et chez les Marchands de Nouveautés.

M. DCC. LXXXVII.

ESSAI
D'INSCRIPTIONS

POUR DIFFÉRENS MONUMENS

DE LA VILLE DE PARIS.

POUR L'HOTEL ROYAL DES INVALIDES,

Première façade intérieure de la cour Royale.

Militibus victor tumidos queis terruit hostes,
Otia dat LODOIX, dedit ut BELLONA triumphos,
Lætis, sed lætis, frontes dum laurus adornet,
Hîc dolor unus erit jam MARTIS abesse labores.

Deuxième façade.

Non dolet amissos bellando corporis artus,
Mortis pro patriâ qui vovit adire pericla;
Ut dedit impavido lauros BELLONA triumphi,
Parta favens LODOIX hîc addit & otia lauris.

A

Troisième façade.

Queis patuere priùs bellantis limina JANI,
His patet hospitium meritis bene MARTIS ad arva;
Et LODOIX multo jam fractis membra labore,
Hîc statuit placidam victoribus esse quietem.

Fiers des exploits brillans que MARS ici couronne,
Que de gloire attachée au front de ces guerriers !
Si leur cœur souffre encor, c'est qu'aux champs de BELLONE
Ils n'ont plus à prétendre à de nouveaux lauriers.

POUR L'ÉCOLE ROYALE MILITAIRE.

Hîc alacres bello præludunt MARTIS alumni,
Regia quos pietas virtutibus aptat & armis.
Inclyta dum soboles Patriæ se vovit honori,
Mox proavûm factis addent majora nepotes.

POUR LA BIBLIOTHEQUE DU ROI.

Splendida doctrinæ nobis hîc gaza patescit,
Regali sumptu, studiosis ampla supellex.
Hîc, apium ritu, fecunda per arva MINERVÆ,
Prædamur cupidi præstantia pabula mentis.

POUR LE MUSEUM DES GALERIES DU LOUVRE.

Première, pour le côté du pavillon de l'Infante.

Phidiacus sculptor vivos de marmore vultus
Elicit ut scalpro, spirantia fingit ut æra ;
Pictor Apelleus solers animare tabellas,
Heroes memorat, sublimia pingit Olympi.
Quæ jussit LODOIX artis monumenta patere ,
Hîc simul exemplar cultoribus, & decus Urbi.

Deuxième, pour le côté du pavillon de Flore.

Gallia quos genuit, veteris sic æmula ROMÆ,
Hîc animata sedent celebrûm simulacra virorum.
Hos, decus ut Gentis, vovit Rex arte renasci,
Semideûmque patet jam nobile Pantheon Urbi.

POUR L'OBSERVATOIRE.

Sidera sparsa Polo, PHÆBI Lunæque meatus
Lineat explorans, orituraque præcinit astra
Hîc Atlantiades, cui, dum metitur Olympum ,
Terra fit ut punctum, nihilo par incola terræ.

POUR L'AMPHITHÉATRE
DE L'ACADÉMIE ROYALE DE CHIRURGIE.

Pallida fcrutantes folerte cadavera cultro,
Hîc Mors ipsa docet Morti fubducere vivos.

Sur les corps que moiſſonne une PARQUE homicide,
ESCULAPE en ce lieu forme ſes Nourriſſons;
Dans l'art de nous guérir un cadavre les guide,
La Mort contre la Mort donne ici des leçons.

POUR LE JARDIN ROYAL DES PLANTES,
Et le CABINET D'HISTOIRE NATURELLE qui y eſt joint.

Futilibus ferpens cuftos vigilabat acerbus
HESPERIDUM pomis; bonus hîc EPIDAURIUS aftat,
Invalidis donans fuccos herbasque falubres.
Et dum quæ genuit Tellus, quæ Pontus & Æther,
Hæ referant Ædes miracula lecta per orbem,
Orbem fic totum locuples complectitur Hortus.

POUR LA STATUE DE M. LE COMTE DE BUFFON,

érigée dans le veſtibule du Cabinet d'Hiſtoire Naturelle
du Jardin du Roi.

Quæ menti referat naturæ condita ſcriptor,
Hîc oculis gaudet miracula pandere cuſtos.
Quàm meritò præſtes regalibus aſſidet hortis,
Vaſto ſcrutator qui PLINIUS incubat orbi !

POUR LA POMPE A FEU DE CHAILLOT.

Nota. Dans cette Inſcription on a eſſayé de rendre en gros
le méchaniſme de la pompe & les effets qui en réſultent, ainſi
que cela avoit été propoſé dans une Feuille périodique du 8
Décembre 1784.

Quem vapor ignitus movet & jam pondere pellit,
Embolus hîc latitat quo, dum libramen adurget,
Antlia ſpirat aquas dociles ; illæ que cylindri
Aëre compreſſæ, modò ſcandunt culmina montis.
Hinc urbis repetit ſubeundo mœnia flumen,
Civibus & paſſim ſic dantur ab ignibus undæ.

A U T R E.

Civibus ut proſint, ſimul ignis & unda laborant
Mirificè ſocii ; & jam de fornacibus imis
Fons novus aſſurgens, colles petit, irrigat Urbem,
Naidis & lymphas Vulcania flamma miniſtrat.

A 3

Des NAÏADES ici VULCAIN maîtrise l'onde,
Et d'un nouvel ETNA fait jaillir des Ruiſſeaux ;
Fruſtré de ſon tribut en vain NEPTUNE en gronde,
Déja dans tout Paris le feu donne des eaux.

O U

Ici deux ennemis, ici la flamme & l'onde,
Entre eux, pour nous ſervir, ſont devenus rivaux ;
De leur travail s'élève une ſource féconde,
Et déjà dans Paris le feu donne des eaux.

Pour le Réſervoir ou nouvelle Fontaine de la porte Saint-Honoré , d'où partent les embranchemens qui répandent dans Paris les eaux de la même Pompe.

Dum fluit igne datus fons antea nobile flumen,
Et captiva ſubit latebroſos unda canales;
Ut vehit omnigenos ad littora SEQUANA victus,
Sic rigat & medios ramoſus in urbe Penates.

Plus utile aux humains que l'antique HIPPOCRENE,
C'eſt à l'art, c'eſt au feu qu'on doit cette Fontaine.
De fleuve ici réduite à de ſimples ruiſſeaux,
La Seine ſans regret voit ſon onde enchaînée,
Et partout, aux beſoins de la ville étonnée,
Captive bienfaiſante, elle offre encor ſes eaux.

POUR LE PALAIS DE JUSTICE.

Panditur hîc Templum THEMIDIS fummumque tribunal,
Regalis fedes, LODOIX ubi legifer alto
Imperat è folio, Gentis fimul & Pater & Rex.
Francis cum Paribus, Proceres dant jura togati
Supplicibus populis, Regni que ftatuta tuentur,
ASTRÆÆ que minax hîc fontibus imminet enfis.

AUTRE.

Civibus invigilat, fraudis que hîc conterit hydram,
Interpres THEMIDIS qui fatur jura SENATUS.
Hîc Lex culta viget, Legis nos Ægide tuti
Stamus & incolumes, manet ut fua pœna fceleftos.

AUTRE.

Qui THEMIDIS profert oracula fumma SENATUS,
   Civibus hîc columen, fontibus ultor adeft.

AUTRE.

Subvenit oppreffis, umbrat THEMIS Ægide cives,
Ipfius atque minax hîc fontibus imminet enfis.

Arbitre des humains dans ce Temple réfide
THEMIS de l'opprimé le foutien & l'Egide,
Qui du Ciel defcendue affure par fes loix
Aux méchans leur fupplice, aux citoyens leurs droits.

A 4

POUR L'ACADÉMIE ROYALE DE MUSIQUE.

TERPSICHORE faltu, recreat nos carmine PHÆBUS,
ORPHEUS atque melo, Charitum nitet ore Palæftra.
Heros Numinibus, d m jungitur Orcus Olympo,
Sic fallendo movent divæ miracula pompæ.

POUR LE THÉATRE FRANÇOIS.

Grandia MELPOMENE Heroum delineat acta,
Motibus & variis agitat nos anxia flentes.
Corripit at falibus, recreat que THALIA cachinnis;
Hîc & utrique juvat plaudendo dicare coronas.

A U T R E.

Dant pariter feffo jucunda levamina cordi,
MELPOMENE lacrymis, blanda THALIA jocis.

POUR LE THÉATRE ITALIEN.

MELPOMENES aliò plaudat flens queftibus alter,
Lætior hîc falibus ridentis plaude THALIÆ.
Dum canit EUTERPE quæ carmina fpirat APOLLO,
Fontibus Aoniis mens dulcè refecta vigefcit.

POUR LES VARIÉTÉS AMUSANTES.

Mobilibus titulo placui quæ civibus olim,
Hîc nova scena patet jam PHŒBI clara favore ;
Et solitis mores variare habitusque diurnos,
Spontè THALIA levis variabit ludicra mentis.

POUR LE MONT DE PIÉTÉ.

Première, pour la façade de la rue de Paradis.

Dum fugit hinc usura vorax, dum fœnore parvo
Damnosæ licet hîc ærumnas pellere sortis ;
Jam capiunt cives fido sub pignore nummos,
Ipseque MERCURIUS (*) tacitos levat indè labores.

Deuxième, pour la façade de la rue des Blancs Manteaux.

Naufragium passo dat Cymba secunda salutem,
Subtrahit & Domus hæc sortis nos sæpè procellis.
Dumque pio manant de Monte levamina pressis,
His, ope propitiâ, fortuna decusque manebunt.

(*) Mercure, Dieu du Commerce.

POUR LA FAÇADE EXTÉRIEURE
de l'Hôtel des Monnoies.

'Aurea quas dat opes Tellus, hîc Regia fignat
Effigies; facer & delabitur hinc JOVIS imber,
Quo ceffit DANAE, quo cedunt fæpiùs arces,
Orbis & immenfi moles animata vigefcit.

O U

'Aurea quas dat opes Tellus, hîc Regia fignat
Effigies; facer & DANAES hinc defluit imber.

POUR LA NOUVELLE FONTAINE
adoffée au Collége Royal, place Cambray.

Dum propè fundit opes ftudiofis alta MINERVA,
Pandit & ipfe favens Heliconis limina PHŒBUS;
Hîc Aganippis adeft, linit hîc labra docta Magifter,
Nympha que dat laticis fitienti munus Alumno.

POUR LA NOUVELLE HALLE AU BLED,
& la Fontaine qui y eft adoffée à la colonne de Médicis.

Quas dedit alma CÉRES vitreo fub tegmine fparfas
Dum petimus fruges, vigilans dum NYMPHA falubrem
Dat faturis lympham, curas mittamus inanes;
Civibus hîc placidam ftatuunt duo Numina vitam.

AUTRE.

Numinibus geminis, fugit indè famesque fitifque;
Alma CERES victum, dat NAIS provida potum.

Le Ciel ici pour nous prodiguant fes faveurs,
De la faim, de la foif nous bravons les horreurs;
CÉRÉS donne fon bled, une NYMPHE fon onde,
Chacune eft en bienfaits également féconde;
Et l'homme fur fon fort s'agiteroit envain,
Quand deux fources de vie abondent fous fa main.

PARODIE BURLESQUE.

Le Peuple en appétit, animal à grand bec,
Ici vient de nos champs enlever les dépouilles;
Et fi la foif le prend, n'en déplaife aux grenouilles,
Cette eau l'empêchera de manger fon pain fec.

POUR LE NOUVEAU MARCHÉ
du Cimetière des Innocens.

Hîc ubi multiplici gaudebat funere PARCA,
Nunc POMONA fuis gaudet nos vivere donis;
Appofitæque dapes dum pellunt indè Sepulcra,
Fons oritur vitæ prifco de gurgite Mortis.

AUTRE.

Hîc ubi Mors aderat, nunc Vitæ fons novus Urbi;
Quique fepulcra dedit, dat locus ille dapes.

De ces lieux dont jadis on redoutoit l'abord,
La Parque *meurtrière enfin se voit bannie;*
Par les dons de Pomóne*, une source de vie*
Succède au gouffre antique où séjournoit la Mort.

POUR LA FONTAINE DU MÊME MARCHÉ.

Æmula Pomonæ, pleno dat munera cornu
Naias, & juges frugibus addit aquas.

POUR LE NOUVEAU MARCHÉ
de la Culture Sainte-Catherine, rue Saint Antoine,
ou autre Marché quelconque.

Hîc dapibus pollens Urbis nova floret Alumna,
Perpetuum vitæ referans ex ubere fontem.
Ut petis esuriens, sic gratus sume salubres
Quas Pomona manu largâ tibi sufficit escas.

POUR UNE SALLE A MANGER.

Ex dapidus lautis apponit quas tibi Comus,
Vivere si longùm, si vis haurire salutem;
Condiat esuries, hilaris mens condiat escas,
Diluat & sumptas recreanti Nectare Bacchus.

A U T R E.

Qui petis hinc epulas, nimiis ne fide gulosus;
Lautior exitium, moderata dat esca salutem.

POUR LA NOUVELLE HALLE AUX DRAPS
ET AUX TOILES.

Première, pour la façade de la rue de la Tonnellerie.

Explicat hîc oculis Byssum CYLLENIUS albam,
Explicat & Tyrium quo, pellas frigora pannum.
Ut molles lanas, placidos ovis indue mores;
Byssina quo vestis, mens hoc candore nitescat.

Deuxième, pour la façade du côté du Marché des Innocens.

Qui spoliis gaudens aliò prædonibus astat,
MERCURIUS blandè cives hîc donat amictu;
Et POMONA suas propè dum parat obvia fruges,
Sic modò vestitus pastusque viator abibit.

POUR LA NOUVELLE HALLE A LA MARÉE,
& aux Poissons d'eau douce, cour des Miracles.

Progenies Pelagi, fluvialis & agmina lymphæ
Hîc pariter coeunt, hîc fercula lauta palato.
Piscibus ast epulans laqueo fallace prehensis,
Subdola blandiloqui cave non te retia fallant.

POUR LA FONTAINE DE LA MÊME HALLE.

Pafcit in amne vagam, nec deferit alma migrantem
Naïas hîc fobolem, fimul ipfa que providet Urbi;
Namque faginatos parat ad convivia pifces,
Civibus & fundit juges fitientibus undas.

POUR LA NOUVELLE HALLE AUX CUIRS,
conftruite fur l'ancien emplacement de la Comédie Italienne.

Lacte fuo vivens, té pafcit mortua carne;
Calceat & reliquâ Gens te pecuaria pelle;
Jamque cothurnatos tulit undè THALIA fodales,
Calceus hinc pediti potior cedente cothurno.

O U

Abftulit hinc nugas vanum que THALIA cothurnum,
Lætior hinc crepidâ nos potiore frui.

POUR LA FONTAINE DE LA RUE DE L'ARBRESEC.

Opportuna fedet, latitans & munera donat,
Illa falutiferam fundens hîc NAÏAS undam.
Si dapibus gravior, fuetis fi læfus IACCHO,
Ipfa dabit facilem puro de fonte medelam.

POUR LA NOUVELLE FONTAINE
qui va être conftruite à la pointe de Saint-Euftache.

Cafta profundit aquas hîc Nais, Tu bibe gratus ;
Quique lavas corpus, mentis fimul elue fordes.

POUR LE BUSTE DU GÉNÉRAL WASHINGTON,
fait par M. Houdon , & deftiné pour les États-Unis de l'Amérique Septentrionale.

Infcription propofée dans une Feuille périodique du 16 Décembre 1786.

Par Fabio bellans, Patriæ fervilia fregit
Vincula, & infignis ftabilivit Robora pacti.
Dumque dicata fibi cum Lauris munera fpernit,
Grandior hic humili ftat Cincinnatus in agro.

AUTRE.

Armis, ingenioque Viri jam libera fpirat
Patria, nec feriet dein exulis ungula Pardi (*).

POUR LA MANUFACTURE ROYALE DES GLACES.

Ædibus ornandis, patet hîc cryftallina, fido
Mœnia reflexu pollens decorare, fupellex.
Ad fpeculum compti qui gaudet imagine vultûs,
Sæpius horreret turpi fub imagine mentis.

(*) Le Léopard qui forme les armes d'Angleterre.

POUR LA MANUFACTURE ROYALE DES GOBELINS.

Docta manus texit dum PALLADIS arte Tapetes,
Hîc totidem Tabulas depingere credis APELLEM.

Sous les yeux de PALLAS, une riche tissure
Forme ici des Palais la brillante parure ;
Et quand on vient d'ATTALE admirer les travaux ;
L'œil trompé croit d'APELLE ici voir les Tableaux.

POUR LE NOUVEAU PONT DE LOUIS XVI.

Première, pour le côté des Tuileries.

Ingens artis opus, sublime quod incubat undis,
Moles illa sacro LODOICIS nomine splendet.
NAIADUM plausu, geminam nova nexuit urbem
Semita, & imposito sibi pondere SEQUANA gaudet.

A U T R E.

Pour le côté du Cours.

Spontè sinit NAIS poni juga pendula lymphis,
Commoda dum pateat Pontis in urbe via,
Cui LODOICUS equo plaudit sublimis aheno,
Nominis atque decus cui dedit ipse NEPOS.

In celebre quoddam Lutetiæ deambulatorium, viâ S. H.

FRONDIBUS his levior strepit undiquè læta juventus,
Ductor quam stimulat telis, volvitque CUPIDO.
Hic CHARITUM rosea arrident spectantibus ora,
Jamque licet niveas oculis lustrare papillas,
Exiles lumbos, cervinaque cernere crura.
Tangere cum properas, si te modò NYMPHA repellit,
Prompseris ut nummos, mox urget & allicit audax.
Sic VENERIS patesit, PLUTUS dum jusserit, antrum;
Cautus sed metuas vel limina adire dolosa:
Punxeris ut VENEREM, punget te lethifer anguis.

Par M. BOURDELOIS, A^t. a. P^r.

Mai 1787.